„*Die Welt braucht nicht in Ordnung gebracht werden; die Welt ist die Verkörperung der Ordnung. An uns ist es, mit dieser Ordnung in Einklang zu kommen.*"

> *Henry Miller* <

Jens Zurmühlen

Ein-Sichten

*Philosophische „Selbst-Ein-Sichten"
in Leben und Existenz*

www.tredition.de

© 2018: Jens Zurmühlen
Umschlag, Illustration: Jens Zurmühlen
Lektorat, Korrektorat: Jens Zurmühlen

Verlag & Druck: tredition GmbH, Hamburg

ISBN
Paperback   ISBN 978-3-7469-8254-0
Hardcover   ISBN 978-3-7469-8255-7
e-Book   ISBN 978-3-7469-8256-4

Das Werk, einschließlich seiner Teile, ist urheberrechtlich geschützt. Jede Verwertung ist ohne Zustimmung des Verlages und des Autors unzulässig. Dies gilt insbesondere für die elektronische oder sonstige Vervielfältigung, Übersetzung, Verbreitung und öffentliche Zugänglichmachung.

Inhaltsverzeichnis

Über mich	7
Das Wort des Schreibers	11
Maskerade	13
Ein Tag	15
Mann … entdecke Dein Herz	17
Traum	19
Veränderung	21
Ordnung und „Un-Ordnung"	23
Lebensuhrwerk	25
Herbstzeit	27
Schafherde	29
Entsorgen	31
Rose	33
Großartigkeit	35
Wie innen so außen	37
Schöpfer	39
Leben nach dem Tod	41
Helfen	43
Das Große und Kleine	45
Körperwunder	47
Mond	49
Die Unverstandenen	51
Liebe	53

Ver-rückt	55
Symphonie	57
Manipulation	59
Demut	61
Schicksal	63
SIE	65
Kinder	67
Lebensspiel	69
Museum	71
Zwiebel	73
Ich vertraue auf das Leben	75
Wahrheit	77
Leben im Tierkreis „Fisch"	79
Meer	81
Schwert	83
Saat	85
Gott	87
Reisender	91
Danke	93

Über mich

Liebe Leserin, lieber Leser,

es freut mich sehr, dass Sie meine zu Papier gebrachten Gedanken lesen möchten. Wie so oft im Leben von uns Menschen, stehen wir vor großen Herausforderungen, die wir zu meistern haben. Und so war es auch für mich, als ich mich entschloss ein zweites Werk zu veröffentlichen.

Vor etwa 2 Jahren habe ich meine innere Welt bereits zum Ausdruck gebracht. „Worte des Herzens" (ISBN Nr. 978-3-7439-6420-4/Verlag tradition) war für mich die Offenbarung all dessen, was sich mir an Gefühl zeigte. Ich war und bin weiterhin oftmals sehr erstaunt, wie viel Freude ich doch dabei empfinde über das Leben zu philosophieren, dabei den Austausch mit meinen Mitmenschen zu suchen und Gedanken in Worte zu formen.

Das Leben ist nie Stillstand und fließt im Rhythmus der Natur. Und so geht auch mein Leben in rhythmischen Zyklen weiter und lässt mich auf diesem Weg jede notwendige Erfahrung machen. Hier nun habe ich meinen Blick auf das Leben, uns Menschen und unsere Existenz zu Papier gebracht. Wohlwissend, dass es morgen wieder anders sein wird. Denn in jeder Sekunde unseres Lebens kommt etwas hinzu oder verlässt uns, beschenkt uns mit Mehr an Erfahrung und mündet häufig genug in einem neuen Blick auf unser Leben. Und so ist „Wahrheit" für mich ein Wort, dass mit Bedacht gewählt werden sollte.

Es liegt mir fern zu all den einzelnen Themen lange Abhandlungen zu halten. Mir geht es eher darum in Worten, die zum Teil philosophisch geprägt, zum Teil in lyrischer Form verfasst sind, dazu anzuregen sich mehr mit Dingen zu beschäftigen, die ohne jeden Zweifel existieren, sich uns jedoch oftmals nicht direkt vor unseren Augen zeigen. Oder aber die Fragen an das Leben etwas tiefsinniger zu stellen. Wir finden vieles nur dann, wenn wir uns selbst auf die Suche begeben.

Diese, unsere Welt ist spannend, herausfordernd und lehrreich. Meine eigene Erkenntnis ist, dass wir all die Situationen unseres Lebens sehr viel besser begreifen, wenn wir nach tieferen Ursachen und Zusammenhängen forschen. Ich lade Sie daher ein, sich von meinen Gedanken und selbstempfundenem, derzeitigen Weltenblick inspirieren zu lassen und ihre eigene Suche zu beginnen oder weiter fortzusetzen. Am Ende geht es doch um das Verstehen, das gegenseitige geistige Befruchten und darum, dass wir alle unseren Teil dazu beitragen, diese Welt friedvoller und liebevoller zu gestalten.

Ich wünsche Ihnen viel Freude und eine spannende eigene Lebensreise.

Jens Fichler

(Kontakt: Blaetterflug@web.de)

Das Wort des Schreibers

Das Gefühl in ein Wort zu kleiden,

mich dem hingeben, was aus der Tiefe meiner Selbst aufsteigt,

oftmals nicht wissend was entsteht …

ist mein Segen, mein Lebensgeschenk, meine Freude.

Der „Schreiber" ist das Instrument.

Die Quelle selbst, aus der das Wort aufsteigt, die treibende Kraft, die es in die Unendlichkeit entlässt.

Der Empfänger ist der Mensch, den das Wort erreichen soll … und wird …, wenn das Leben „Ja" sagt.

Maskerade

Der Mensch, der sich nicht versteckt, nicht maskiert und verbiegt.

Der Mensch der sich in die Welt trägt und sein Herz weit öffnet, sich seiner Tränen nicht schämt, seine Schattenseiten sieht und sie weder vor sich noch vor der Welt tarnt.

Ja … was ist das für ein Mensch?

Es ist der Mensch, der seine Seele sprechen lässt. Und wenn viele Menschen ihr wahres Selbst in diese Welt bringen, dann … wird sich diese Welt verändern und Liebe, Ehrlichkeit, Frieden und Freiheit halten Einzug.

Das ist meine Herzensüberzeugung.

Ein Tag

Ich liebe die Morgenröte, weil sie mich still und hell in den neuen Tag weckt.

Den Tag liebe ich, weil er mich immer aufs Neue etwas Wichtiges lehrt und ich an Weisheit gewinne.

Den Abend liebe ich, denn er gibt mir die Gelegenheit alle Erlebnisse zu verdauen und Erkenntnisse zu erhalten.

Die Nacht liebe ich, denn mein Körper und Geist ruhen sich aus, bis ... der Morgen neu erwacht und ich das Abenteuer "Leben" wieder neu beginnen kann.

Im stetigen Kreislauf des Lebens.

Mann ... entdecke Dein Herz

„Yin und Yang" stehen in der chinesischen Philosophie für zwei Kräfte, die zwar polar einander entgegengesetzt sind, sich aber dennoch aufeinander beziehen. Sie stehen ... u. a.... auch für die weibliche und männliche Energie des Menschen, die sich in ihm zeigt, lebt und in sein Leben gebracht werden will.

Das schwarze „Yin"... die weibliche, abwartend passive, ruhige und aufnehmende Kraft. Das weiße „Yang"... die männliche, aktiv antreibende, bewegliche Kraft.

Sie „rufen" nach Ausgleich in jedem Menschen.

Mir scheint, dass insbesondere das männliche Geschlecht seit Jahrhunderten darauf gedrillt wurde und wird, die weibliche Seite zu verstecken ... und damit auch das Tor zum Herzen, zur Weich- und Zartheit, zu verschließen. Damit entsteht ein Ungleichgewicht, was weder förderlich für das Ganze, noch gesund für den Mann selbst ist.

Entdeckt der Mann wieder sein Herz, sein tiefes Gefühl, seine Emotionalität, seine weiche, zarte Seite - einer Feder gleich - und lässt diese weibliche Seite in unsere Welt ..., so erfährt diese eine große Wandlung. Sie wendet sich ab von Härte, Gewalt und egoistischer Durchsetzung ...und wendet sich dem Frieden, Mitgefühl und am Ende der Liebe zu.

Die Stärke des Mannes liegt tiefer als viele Männer bislang erfahren haben.

Es wird Zeit zur Veränderung.

Traum

Träume dich in deine Wünsche.

Lass im sanften Wiegen der Nacht den Traum seine Gestalt annehmen.

Schau auf ihn ... halte ihn.

Fühlt er sich wahr an, zeigt er sich in seiner Klarheit? Dann ist er nicht fern.

Des Traumes Kraft ... führt den Träumer. Des Träumers Glauben ... lässt ihn wahr werden.

Zum Traum stimmigen Lebensmoment.

Veränderung

Solange wir uns wohlfühlen und gesund sind … sind wir gut und richtig unterwegs im Leben. Freude in uns ist der Indikator, auch für Gesundheit.

Ist das nicht so, will uns das Leben etwas sagen. Fühlen wir Stress, Unstimmigkeiten … sind wir erkrankt … dann spricht das Leben und fordert uns auf hinzuhören und zu lauschen. Wir sollen etwas ändern.

Ändert … was verändert werden will. Denn das Leben lässt sich nicht belügen, mit dem was nach Veränderung ruft.

Ordnung und „Un-Ordnung"

Oftmals scheint mir, als wenn wir Menschen gänzlich in „Un-Ordnung" sind.

Betrachte ich in der Stille der Nacht den klaren Sternenhimmel, entdecke ich eine gelebte Ordnung in … nur scheinbarer … „Un-Ordnung" am Firmament. Alles befindet sich dort, wo es sein soll.

Beobachte ich die Natur, die Vielzahl an friedlicher Schönheit und ihren Ausdruck, den Flügelschlag der Vögel, die malerisch, zart und weich ihre Kreise am Himmel ziehen, erkenne ich ein Nichts an Anstrengung. Alles fließt ohne eingreifende Kraft von außen … und fügt sich sanft zum Ganzen … zu einem fließenden Bild des Lebens.

Der Mensch kann so viel lernen von der Natur. Eine Lehrstunde in Gleichmäßigkeit, in Kraft und Stärke, ohne den Hauch an Anstrengung vornehmen zu müssen. Was ihm fehlt, ist das eigene Erkennen, dass er Teil dieser natürlichen Ordnung ist …, die er seit Jahrhunderten mit seinem Wunsch nach Kontrolle stört und damit „Un-Ordnung" schafft. In seinem Leben und im „Er-Leben", was um ihn existiert und immerwährend fließt.

Im Erkennen der natürlichen Ordnung der Natur … liegt der Schlüssel um die menschliche „Un-Ordnung" zu durchbrechen und zurückzufinden

… zur Ordnung und zum inneren Frieden.

Lebensuhrwerk

Der stetige Takt der Lebensuhr flüstert uns zu, die Augenblicke zu betrachten und wahrzunehmen.

So lasse die Sekunden nicht ungenutzt und tauche ein in dein Lebensuhrwerk.

Denn jeder Moment birgt immer wieder Neues, Großartiges ... Lehrreiches.

So verrinnt deine Zeit im Takt der Natur und trägt alle Schönheit in jeder Zeigerumdrehung deines Lebens in sich.

Herbstzeit

Der Herbst hat, wie alle Jahreszeiten, seine sehr besondere Schönheit und Botschaft.

Oft legt sich früh am Morgen der Nebel wie ein sanfter Teppich auf die Natur und bedeckt sie zart.

Tiere beginnen ihre Wintervorräte zu sammeln und sich vorzubereiten auf das Ruhen der Natur.

Doch der Mensch? Er ändert doch meist nichts an seinem Lebensalltag, sein tägliches Tun und sein oft rastloses Leben. Er ist oft blind und taub für die wichtige Botschaft der Natur sich jetzt zu entschleunigen, mehr innezuhalten und ... ruhiger zu werden.

Denn Lebensantworten finden sich nicht in der Hektik des Alltags ..., sondern in stillen, "ent-schleunigten" Momenten des Tages. Im Einklang mit dem Rhythmus des Lebens und Mutter Natur.

Schafherde

Wenn ein Schaf die Herde verlässt, wird es von ihr nicht mehr als solches angesehen.

Wer aber in der Herde verbleibt, hat vergessen ein eigenständiges Schaf zu sein und blökt in ein und derselben Melodie der Herde.

Je mehr Schafe die Herde verlassen, je einzigartiger werden die Weltentöne. Je mehr Töne erklingen, je mehr Wahrheit erfährt unsere Welt.

Entsorgen

"Entsorgen" bedeutet sich von Müll zu befreien. Frei machen und das wegschaffen aus dem eigenen Leben, was einem nicht guttut.

Zu oft halten wir an Müll fest. Materieller Müll, der sich auch energetisch an uns bindet UND geistiger Müll. Gerade dieser vergiftet unser Leben auf allen Ebenen und hat die Kraft unseren Organismus krank zu machen.

Fangen wir gleich an zu entsorgen.

Wir haben die Wahl, wer unsere innere Tür öffnet und den Raum verdreckt.

Rose

Wer den Dorn der Rose nicht spürt …, wird ihre Blüte nie entdecken.

Wer den einen Teil nicht sieht …, erfährt nie die Ganzheit von allem und ist auf einem Auge blind.

Großartigkeit

Ein jeder von uns trägt so viel Licht in sich. So viel Güte und Liebe.

Ein jeder von uns ist einzigartig und so wichtig ... und richtig wie er ist.

Das Universum macht keinen Fehler und erschafft auch keine. Es erschafft Großartigkeit und Individualität. Und ein jeder darf, nachdem er von Kindheitstagen an klein gehalten und "er-zogen" wurde, diese Großartigkeit und Individualität entdecken. Und soll es auch.

Das ist der einzige Plan, der überhaupt für mich existiert. Alle anderen Pläne sind "Sinn-los", begrenzend und einengend.

"Ihr seid das Licht der Welt. Stellt euer Licht nicht unter den Scheffel, sondern auf den Leuchter, damit alle die hereinkommen es sehen."

(Mt. 5/14, Lk 8/16 f)

Wie innen so außen

Die kosmischen Gesetzmäßigkeiten laufen wie ein Uhrwerk mit unfehlbarer Präzision.

"Wie innen so außen, wie oben so unten" ist dabei essentiell.

Der Ruf des Menschen nach Frieden, Mitgefühl und Liebe verhallt und wird sich nicht im Leben zeigen, wenn ... der Mensch nicht erkennt, dass er sein Innenleben aufzuräumen hat.

Beendet er seine inneren Kriegszustände auf allen Ebenen und richtet sich aus auf die Liebe und den Frieden …, antwortet ihm das Universum in gleicher Weise und zeigt es ihm im Außen.

Das zu begreifen verändert ALLES.

Schöpfer

Ein jeder von uns ist Schöpfer seiner eigenen Wirklichkeit.

Mit jedem Gedanken, der pure Energie ist, erschaffen wir Neues.

Auch wenn der Gedanke der erste Schritt ist, ohne das Tun erleben wir nicht die Realität, die wir uns gedanklich vorstellen. Die Tat ist die Blüte des Gedankens und mit dem Tun kommen wir unserer gedanklichen Vorstellung ein großes Stück näher.

Die treibende, nährende Kraft als Antrieb sind unsere wahren Gefühle. Umhüllt im Vertrauen und Glauben an deren Richtigkeit und in Übereinstimmung mit der kosmischen Wahrheit, die nur Liebe ist.

Leben nach dem Tod

Die Frage "Gibt es ein Leben nach dem Tod?" kratzt für mich nur an der Oberfläche einer höheren, kosmischen Wahrheit.

Ich glaube, so etwas wie den Tod, wie wir ihn bislang meinen zu kennen, gibt es nicht.

Vielmehr stellt sich die Frage "Was bedeutet Existenz?"

Und Existenz ist ewig ... wird es immer sein. Sich dem zu öffnen, nimmt die Urangst von uns Menschen vor dem Tod. Der Tod hat keinen Schrecken mehr und löst sich auf.

Und ohne "Todesangst" verliert auch jedes Kämpfen um irgendetwas seine Daseinsform.

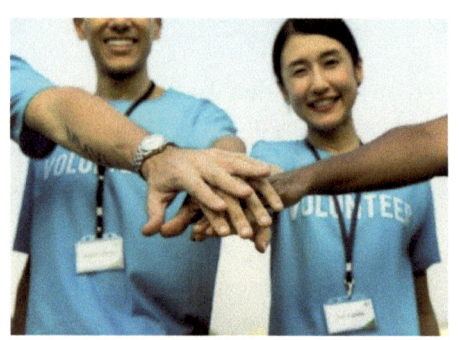

Helfen

Es ist so wichtig, dass wir Menschen uns gegenseitig helfen und uns unterstützen. Das gegenseitige Helfen, wenn wir keinen Lohn erwarten.

Wenn wir "Selbst-los" helfen, weil wir es im Herzen spüren. Dann handeln wir in Liebe. Spüren wir etwas anderes und möchten belohnt werden ... handeln wir aus egoistischen Motiven.

Wir sollten uns jederzeit ehrlich diese Frage stellen: "Warum möchte ich helfen?".

Gutes fällt auf uns ohne Zweifel zurück ..., wenn wir aus liebevollen Motiven handeln. Egoismus erreicht uns ..., wenn wir aus gleichem, innerem Antrieb agieren.

Das Große und Kleine

Wenn dich ein Traum in den Himmel entführt … verweile dort und werde still.

Streicheln dich die zarten Sonnenstrahlen … lass dein Lächeln dein Gesicht ummanteln.

Bedecken dich die Regentropfen mit leichter Feuchte …. fühle ihre kühle, reinigende Nässe.

Scheinen dir die Sterne entgegen … genieße diesen Augenblick in der Verschmelzung mit dem Kosmos.

Denn wer sich im Großen verliert … erkennt das scheinbar Kleine nicht in seinem Leben.

Körperwunder

Aus welchen Gründen laufen jeden Tag Millionen an in sich greifende, perfekt aufeinander abgestimmte Prozesse in unserem Körper ab, von denen wir keine Ahnung haben?

Was lenkt unseren Atem der Nacht, was lässt alle Prozesse im Schlaf mit unfehlbarer Präzision weiter existieren?

Geschieht alles zufällig? Wer oder was führt zu dieser kaum zu beschreibender Intelligenz?

Ist es nicht an der Zeit anzuerkennen, dass Kräfte wirken, wo wir Menschen schlichtweg "Sprach-los" vorstehen und keine Antwort haben?

William Shakespeare sagte einmal:

"Es gibt mehr Ding´ im Himmel und auf Erden, als eure Schulweisheit sich träumt."

Mein Empfinden ist ... ja ... so ist es.

Mond

Es ist Vollmond. Ruhig und sanft strahlt er sein gedämpftes Licht auf unsere Welt.

Der Mond ... so wichtig für unser Leben und oftmals so unverstanden, wenn wir meinen, er hindert uns am Schlaf.

Nein ... er erfüllt eine wichtige Aufgabe und als Bewegungsplanet des Tierkreiszeichens Krebs steht er für unser Innenleben ... unsere Gefühlswelt.

Sein Zeichen, seine Energie führt uns zu unserem Herzen. Widmen wir uns zu Vollmondzeiten ganz unserer inneren Welt und dem, was sich dort regt ... machen wir wichtige Erfahrungen und erhalten Erkenntnisse über das, was wir wirklich im Herzen spüren.

Deshalb sollten wir diese Zeit nicht verdammen, sondern dankbar sein für die Botschaften des Mondes.

Die Unverstandenen

"SIE" behaupteten die Erde sei eine Scheibe und verfolgten diejenigen, welche die Welt als Kugel sahen.

„SIE" redeten von schwarzer Magie und Teufel, als die ersten Flugapparate am Himmel ihre Bahnen zogen. Und setzen sich heute ganz selbstverständlich in den Flieger.

"SIE" verfolgten große Heiler dieser Erde, nagelten sie an ein Kreuz, verbrannten sie und mordeten ..., weil "SIE" nicht begreifen konnten.

Der Mensch lernt spät und er lässt sich führen ... "verführen"... ohne selbst zu gehen, zu denken, zu sein. Die Welt voran gebracht haben die Querdenker ... die Unbequemen, die zunächst Unverstandenen.

Wahrheit findet sich nicht in Ablehnung von Unbekanntem. Wahrheit findet sich im "Grenzenlosen"... und "Vor-Urteils-freien Denken".

Wahrheit bricht alle festen Strukturen und wird unsere Welt verändern.

Liebe

Des Menschen Herz ist sein größtes Geschenk. Des Menschen Verstand seine größte Prüfung.

Seine Liebe jedoch … ist seine wichtigste Eigenschaft, heilt ihn selbst und seine Mitmenschen.

Liebe ist die "Liebe-volle" Hinwendung zum Leben selbst und allem Lebendigen. Sie ist weit weg von allem Trennenden.

Liebe … verbindet. Alle Völker, alle Rassen … jeden Menschen, unsere Welt.

Ich glaube an die Liebe.

Ver-rückt

Ich möchte nicht eines Tages von dieser Welt abtreten ... und dann einsehen müssen, dass ich zu einer Marionette dieser rundherum manipulierenden „Macht- und Medien-Mächtigen" gemacht wurde.

Ich lasse mir weder den Mund verbieten, nehme auch kein Blatt mehr vor den Mund und lasse meine Gefühlswelt nach außen, wenn notwendig.

Und wer mich für einen Verrückten hält, dem rufe ich zu:

Zum Glück ... ich wurde endlich „ver-rückt".

Und das nenne ich gelebte Authentizität.

Symphonie

Das Leben gleicht oftmals den Tönen einer Symphonie. Nur die Gesamtheit der Töne lässt unser Lied erklingen.

Unsere Töne fügen sich dabei mal harmonisch, mal kraftvoller, mal sanfter, mal wilder und wiederum in sich ruhend zur Gesamtkomposition zusammen.

Ein jeder von uns ist sein eigener Komponist und lässt sein ureigenes Lebenslied erklingen.

Die Zartheit, der Frieden und die Liebe, mit der wir unser Lied in diese Welt bringen, ist entscheidend für den Lohn, der uns erwartet, wenn am Ende dieses Lebens der Vorhang fällt.

Spielen wir daher unser schönstes Lebenslied.

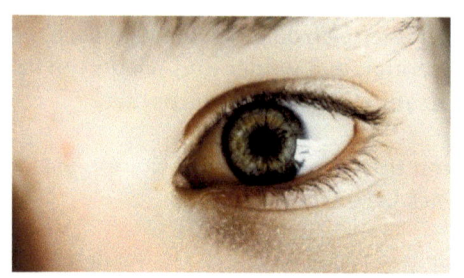

Manipulation

Gedankenmanipulation findet schon seit Jahrhunderten statt und in unserer heutigen Zeit mit all ihren Massenmedien ... findet sie massenhaft statt.

Damit werden Massen gefügig gemacht und am selbstständigen Denken gehindert.

Kaum jemand hinterfragt den Wahrheitsgehalt öffentlicher Berichterstattung. Und im gleichen Atemzug verurteilt man Querdenker und lehnt es ab deren Veröffentlichungen Glauben zu schenken. Zumindest ihnen Gehör zu schenken.

Metaphysische Phänomene sind seit Menschengedenken bekannt ... und werden systematisch bekämpft. Erstaunlich ... und dennoch Bestandteil unserer Zeit.

Demut

Manchmal bin ich sicher, dass ich mich kenne. Und manchmal bin ich sicher, dass ich die Welt und uns Menschen kenne.

Und dann schickt mir das Leben einen tosenden Wirbelsturm und … ich stelle fest …, dass ich zur Demut aufgerufen werde vom Leben.

Denn des Schülers Tod erschafft die Klinge seines Hochmuts. Des Schülers Weisheit ist die Demut und das Lauschen des „Lebenslehrers". Dessen Lehren enden nie und verlieren sich in der Unendlichkeit der Schöpfung und den Weiten des Kosmos.

Eine ewig andauernde Lehre des Menschen, der sich lehren lassen will und in Demut verweilt.

Schicksal

Wir können das Schicksal beeinflussen, indem wir bei jedem Lebenszeichen unseren freien Willen haben, den linken oder rechten Weg zu nehmen.

Doch unserer Bestimmung werden wir nicht ausweichen können.

Das Leben gab jedem von uns diese Bestimmung mit und wenn wir aufmerksam sind, lauschen und fühlen, dann kommt der Moment, wo wir in die eigene, innere Erkenntnis gelangen.

SIE

"SIE" urteilen über dich.

"SIE" halten dich für einen Spinner, einen Verrückten, einen unstetig Unnormalen ... und kennen nichts.

Ich bin der, den niemand kennt.

Ich bin der, den man nicht greift ... nicht begreift. So sehr Mensch sich bemüht und so sehr sie mich auch jagen ... sie finden mich nicht.

ICH ... bin der und das, was jeder ist ... Gottes Kind, dessen Ruf mich traf, zu dem ich geh und zu dem ich gehör.

So zerbricht die alte Hülle und das Licht erwacht. Im Schein des Lichtes, dessen Strahl mich streifte.

Denn das wahre Sein ist Gottes Schoß, den ich ersehne und zu dem ich gehe.

Kinder

Unsere Kinder sind ein großes Geschenk.

Wenn wir Ihnen aufmerksam zuhören, werden sie mit zu den wichtigsten Lehrern unseres Lebens. Wir brauchen sie nicht künstlich zu „er-ziehen". Wir dürfen und sollen sie hingegen begleiten in ihrem eigenen Leben und aufmerksam lauschen, wenn sie uns etwas zu sagen haben.

Indem wir sie „er-ziehen" und nicht hören wollen ... verklären wir künstlich ihr Wesen und ihre Botschaft an uns. Denn alles, was sie uns zu sagen haben, ist eine Botschaft ... auch für uns selbst. Denn sie sind die nächste Generation, entwickeln ihr eigenes Wesen, ihr innewohnendes, selbstständiges Denken und Handeln ... begründet auf einem neuen Bewusstsein, neuen Erfahrungen und Einsichten in das menschliche Leben.

Kinder sind die Botschafter und Gestalter der neuen Zeit. Geben wir ihnen den Raum, den sie benötigen und begleiten wir sie mit unserer Liebe und unerschütterlichen Vertrauen.

Und entdecken wir gemeinsam mit unseren Kindern Grenzen und Notwendigkeiten. Denn der Schlüssel liegt in der Gemeinsamkeit und dem Zuhören, nicht im künstlichen, „er-zieherischen" „Schweigsam" machen.

Lebensspiel

Solange der Mensch meint, er kontrolliert das Leben auf allen Ebenen ... solange wird sein Kämpfen nicht enden.

Erkennt der Mensch hingegen, dass er Teil eines großen Lebensspieles ist ... dessen Spielleiter er nicht ist ... so wird er seine Lebensrolle finden. Denn er lernt sich den Spielregeln vertrauensvoll hinzugeben.

Denn der Spielleiter will uns im Spiel haben ... als eine wichtige, einzigartige Spielfigur ..., welche Teil des universellen Spieles ist.

Außerhalb dieses Spielfeldes gibt es keinen Gewinner.

Es ist die Ganzheit aller Spielfiguren, welche den Spielgewinn herbeiführt.

Museum

Unsere Lebenserfahrungen, jedes Tun und Handeln ... jedes Wort und jeder Gedanke ... speisen die Einrichtung und Ausgestaltung unseres Lebens-Museums.

Die Realität, die wir um uns wahrnehmen, ist das Ergebnis all der Ursachen, die wir gesetzt haben. Wer Unfrieden, Gewalt und negative Gedanken sät ... der erntet nichts anderes und erhält das Gleiche in seinem Leben ... sieht es und nimmt es wahr.

Richten wir unser Museum schön ein ... mit Liebe, Frieden, positiven, aufbauenden Gedanken und Taten ... dann erleben wir einen unvergesslichen Museumsbesuch unseres eigenen Lebens.

Zwiebel

Die Zwiebel trägt eine große Symbolik bei der Selbsterkenntnis eines Menschen in sich. Denn Schicht um Schicht löst sich der Schmutz.

Jede Schicht beinhaltet Begrenzungen, Vererbungen, negative Emotionen, die in unserem Energiekörper gespeichert sind.

Es bedarf eines langen, oftmals kräftezehrenden und schmerzhaften Prozesses der Reinigung, bis ... ja ... bis am Ende der saubere, lichtvolle Glanz des Menschen wieder sichtbar wird.

Denn das ... ist sein wahres Wesen und universelle Wahrheit:

Ein strahlendes, reines Lichtwesen des Universums.

Ich vertraue auf das Leben

Ich glaube nicht…mehr…daran, dass es notwendig ist, für etwas zu kämpfen, dass ich mir wünsche oder wer oder was ich sein will.

Ich vertraue auf das Leben.

Es wird mir das ins Leben bringen, das mir entspricht, von dem ich lernen soll und…das mich weiter „entwickelt".

Damit endet für mich jeglicher Kampf und ich…entspanne mich und…gebe mich dem Leben vertrauensvoll hin.

Wahrheit

Was ist sie denn ... Wahrheit?

Ich lerne jeden Tag mehr, sehr vorsichtig zu sein mit diesem Wort. Und ich glaube, dass es keine gibt. Nicht auf menschlicher Ebene.

Wenn es sie gibt, dann wohl eher auf einer Ebene, die kein oder kaum ein Mensch kennt.

In jeder Wahrheit steckt zumindest ein Fünkchen Unwahrheit. Sie ist für mich, menschlich gedacht, „relativ".

Ein Wort über das wir lebenslang diskutieren könnten, ohne zu einem allumfassenden Ergebnis zu gelangen, bei dem jeder Mensch sagt „Ja".

Leben im Tierkreis „Fisch"

Des „Fisches" Verhalten, ganz seinem Tierkreiszeichen gleich, ist ein Mysterium. Seine Welt ist die Tiefe der See. Dort wo das Leben zur Ruhe kommt …, kein Laut ertönt.

Seine Sicht ist der Himmel …, die unendliche Weite.

"Grenzen-los" im Sein, ergiebig in der Fülle des Eindrucks. Körperlos, gleitend dahin, oftmals ohne einen Laut.

Die Klinge des Schwertes trifft ihn ohne Unterlass, mitten ins Herz, in den tiefsten Schmerz, nichts schützt ihn dort.

Sein Wort gleicht einem Hauch, zart und fein lässt er es sanft erklingen. Härte ist nicht sein Metier.

Neblig und trüb, verschwindend im Augenblick, wenn es ihn treibt, wenn er ihn braucht … den Schutz … vor der lauten Welt um sich.

So führt er den Zyklus dem Ende entgegen, dem in sich Verfließenden …, den Weg zu „Gott".

Und treiben SIE mich, soweit noch aufs weite Meer. Ich komme zurück und hüet Euch, denn meine Waffe ist der sanfte Speer. Der Euch trifft am Punkte des Unerwarteten …, im Herzen selbst…, um die Mauern zu bersten, die es umschließen.

Der Liebe das Tor zu öffnen.

Meer

Das Meer birgt viele Botschaften in sich. Es kann ruhig sein ... sanft liegt es vor uns und flüstert seine stillen Töne, die sich leise in unser Herz schleichen.

Kraftvoll durchdringend ... aufbrausend deutlich ermahnt es uns aufmerksam zu sein und zu lauschen, wenn es notwendig ist.

Das Meer ist ein kraftvoller, weiser Lehrer des Menschen. Es führt ihn dann ..., wenn der Mensch geführt werden möchte.

Ich liebe das Meer und dessen Botschaften.

Schwert

Der Flügelschlag des Vogels ... hoch oben am Himmel ... zerschneidet die Luft.

Des Menschen selbst gewähltes Schwert zerschneidet alles Leben.

Der Mensch schneidet sich selbst ab und merkt es nicht.

Entdeckt er das Schwert Gottes ... dann erkennt er, dass dessen Klinge nur eine Schärfe kennt.

Das "Ein-schärfen" der Liebe in jedes Wesen und Herz.

Saat

Für sich selbst sorgen ist sehr wichtig. Nicht dabei zu vergessen, sich auch um andere zu kümmern, ebenso.

„Das Glück der anderen ist auch mein Glück" ... überliefern uns die alten Weisheitstraditionen. Denn uns alle verbindet ein großes, allumfassendes Netz derselben Energie.

Mit jedem Gedanken, jedem Wort und jeder Tat ... speisen wir dieses Netzwerk an gemeinsamem Leben.

Lasst uns aufmerksam sein mit allen Dingen. Denn die Saat, die wir pflanzen, bestimmt die Blüte, die ins Leben entlassen wird und zur Reife gelangt.

Gott

Seit Urzeiten stellt sich der Mensch die Frage nach der Existenz Gottes und sucht nach Antworten.

Mir scheint, wir werden mit unserem begrenzten, menschlichen Verstand diese Frage nicht beantworten können. Viele benutzen das Wort Gott ... andere wählen die Worte „Das große Ganze, das Universum, die Quelle" und ähnliches.

Das menschliche Wort ist begrenzt, wie auch der menschliche Verstand. Die Schöpfung des Menschen, der Welt und des gesamten Kosmos wird sich uns nie allein durch den Verstand erschließen lassen. Eine Schöpfung, die seit Urzeiten existiert und eine so unfehlbare Präzision hervorbringt, die ihresgleichen sucht.

„Gott" ... ist überall zu finden. In jeder Pflanze, in jedem Baum, jedem Tier und Mineral ... in der Kraft des Meeres, in den Gezeiten, im Erwachen des Tages und dessen Ende. „Gott" findet sich in jedem Wesen ... so auch im Menschen. Seine Kraft ist die Liebe, mit dem „ES" alles beseelt, erfüllt und Leben erweckt.

„Gott" ist für mich ... die Quelle der Schöpfung allen Lebens und die führende, leitende Kraft unserer Welt und des gesamten Kosmos.

„Gott" ... findet sich nicht im Verstand sondern in ALLEM was existiert und was uns als Botschaft erreicht. Und so dürfen wir Menschen erkennen, dass eine Kraft existiert, die wir nicht „be-greifen" können ... die wir aber „er-fühlen" und spüren können.

Wenn wir loslassen von unserem Verstand und der leisen Stimme unseres Herzens zuhören.

„Gott" IST ... alles was war, was ist und je sein wird. Und mehr ... muss ich nicht wissen und verstehen, sondern nur darauf vertrauen, dass „ES" so IST.

Reisender

Ich bin das Blatt im Wind ... vertraue der Brise und lasse mich treiben.

Ich bin der Stamm des Baumes ... fest verwurzelt ... unfähig mich von der Stelle zu bewegen.

Ich bin der Wassertropfen im reißenden Strom ... und zerstöre Gewachsenes am Rande des Ufers.

Ich bin das Licht des Tages ... leuchte die dunklen Wege aus, damit sie sichtbar werden.

Ich bin der tosende Sturmwind ... vertreibe die Wolken, die den Himmel verdunkeln.

Ich bin der Regen der Nacht ... sorge für eine frische Morgenluft.

Ich bin ein Zweifler, ein Denkender, ein unstetig Getriebener, ein Licht und Liebender aus tiefstem Herz.

Ich bin ... was jeder ist. Ein Reisender in dieser Welt.

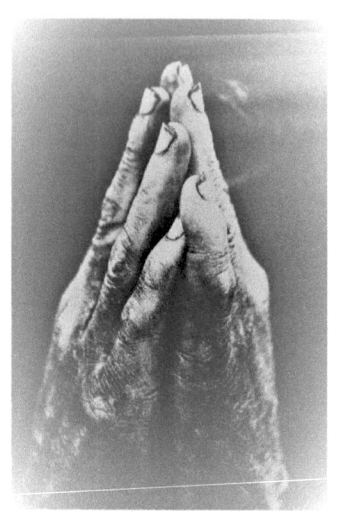

Danke

Ich danke all meinen Wegbegleitern, Freunden, meinen wundervollen Kindern Christin und André für jedes Wort, jede Tat und Unterstützung in meinem Leben. Ich lerne von Euch und werde es weiter tun.

Ich lerne ebenso aus allen Begegnungen, die mich im Laufe eines Tages finden, aus jedem Ereignis ... sei es auf den ersten Blick auch noch so unscheinbar.

Besonders danke ich für dieses Werk meiner lieben Freundin Kerstin. Deine tatkräftige Unterstützung war und ist weiterhin ein großes Geschenk.

Und ich danke „Gott" ... für alles, was war, ist und sein wird sowie für jedwede Erfahrung meines Lebens.

Ich wünsche jedem Menschen nichts weniger, als den Frieden, das Mitgefühl und die Liebe im Herzen. Mögen wir alle über unsere eigenen, selbst auferlegten Begrenzungen hinaus gehen und uns so im Leben einbringen, wie es unserem individuellen Lebensplan entspricht. Und mögen wir damit auch unsere Welt in eine neue, lichtvolle Zeit bringen.

Jens Zurmühlen

„Was vor uns liegt und was hinter uns liegt, sind Kleinigkeiten im Vergleich zu dem, was in uns liegt.
Und wenn wir das, was in uns liegt, nach außen in die Welt tragen, geschehen Wunder."

> *Henry David Thoreau* <